19 Avril 1899
Bourges

Bourges 19 Avril 99

V

CATALOGUE
des
LIVRES ANCIENS
Composant une importante Bibliothèque
appartenant à Mr F...

TAPISSERIES ANCIENNES
et
TABLEAUX ANCIENS

dont la Vente aura lieu
aux enchères publiques.
à Bourges (Cher) rue Fernault N° 20,
(Salle des Ventes)
par le ministère de Me Pécriaux
Commissaire-priseur à Bourges

Les Mercredi 19 et Jeudi 20 Avril
1899, à 1 heure ½ de relevée.

Ordre des vacations:
Mercredi : Livres.
Jeudi : Livres, Tapisseries,
Tableaux, Corps de bibliothèque.

Etude de Me Lucien Pécriaux
Commissaire-priseur à Bourges.

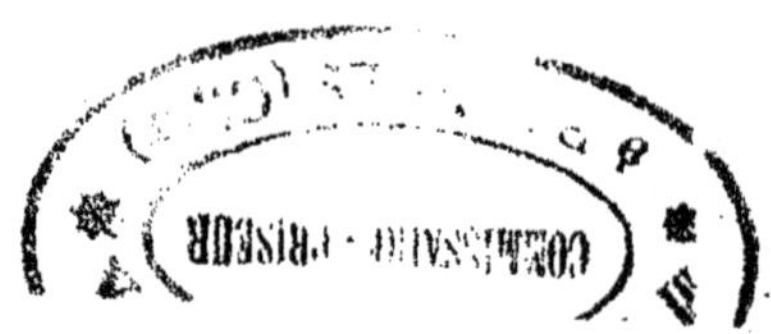

CATALOGUE

des

Livres anciens

Composant une importante

Bibliothèque

appartenant à Mr F...

Tapisseries anciennes

et

Tableaux anciens

Dont la Vente aura lieu

aux enchères publiques

A Bourges (Cher) 20, rue

Fernault, (Salle des Ventes)

par le ministère de Me Pécriaux

Commissaire priseur à Bourges.

Les Mercredi 19 et Jeudi 20

Avril 1899. à 1 h. ½ de relevée.

Ordre des vacations

Mercredi : Livres.

Jeudi : Livres, Tapisseries,

tableaux et Corps de bibliothèque.

Etude de Me Lucien Pécriaux

Commissaire priseur à Bourges.

N° 1 - Nouvelle traduction des métamorphoses d'Ovide - par Fontanelle
à Paris, chez Pankoucke.
1757 - 2 volumes
avec gravures dans le texte -

N° 2 - Fables choisies, mises en vers par J. de la Fontaine -
à Bouillon, aux dépens de la société typographique
1776 - 4 volumes.
gravures à toutes les fables.

N° 3 - Oeuvres de Crébillon -
à Paris, chez Augustin — Renouard -
1818 2 volumes
Portrait par St Aubin
9 gravures dans le texte
cuir granité - tranche dorée -

N° 4 - Oeuvres complètes de Montesquieu, précédées de la vie -

de ces auteur, de l'Imprimerie de Crapelet, à Paris chez Lefèvre -
1816 6 volumes.
portrait de Montesquieu, tranche dorée
maroquin vert avec fers dorés, dos orné -

N° 5 - De l'Esprit par Helvetius -
à Londres - 1776 - 4 volumes.
portrait d'après Vanloo.
cuir marbré -

N° 6 - Oeuvres de Régnard, avec des avertissements et des remarques sur chaque pièce par M. G. nouvelle édition -
à Paris, de l'Imprimerie de Monsieur
1790 - 4 volumes.
cuir marbré - tranche dorée -

N° 7 - Les vies des Hommes illustres de Plutarque traduites du grec par Jacques Amyot, grand aumônier de France, avec des notes et des observations de M.r l'abbé Brotier de l'Académie royale des inscriptions et belles lettres.

à Paris, chez Jean Baptiste Cussac - 1783 - . 22 volumes.

Gravures dans le texte -

N.o 8 - Romans poétiques et poésies diverses de Walter Scott. traduction de A. de Fauconpret avec des éclaircissements et des notes historiques.

Paris - Furne - 1830 - 30 volumes.

N.o 9 - Oeuvres Complètes de M.r de Florian, nouvelle édition augmentée de la vie de l'auteur, de Guillaume Tell et autres ouvrages inédits -

à Paris, chez Dufart 1803 - 2 Vol. gravures dans le texte -

N.o 10 - Oeuvres de Machiavel

Traduction nouvelle par T. Guiraudet — A Paris, chez Potey et Richard — an VII — 9 volumes
portrait d'après Bronzino.

N° 11 — Histoire de la décadence et de la chute de l'Empire romain traduite de l'anglais, par M. de Gibbon.
A Paris chez Moutard
1788 — 18 Volumes.

N° 12 — Les Nouvelles Françoises par M. d'Ussieux.
A Paris, chez Nyon et Belin
1784 — 3 volumes.
Gravures dans le texte.

N° 13 — Abrégé de l'histoire générale des voyages, contenant ce qu'il y a de plus remarquable de plus utile et de mieux avéré dans les pays où les voyageurs ont pénétré, les moeurs des habitants, la religion les usages, arts et sciences — commerce, manufactures,

enrichie de cartes géographiques et de figures —
par M. de la Harpe de l'académie française. à Paris, hôtel de Thou 1780 — 32 volumes et 1 volume d'atlas.

N° 14 — Oeuvres complètes du Comte de Caylus
à Amsterdam et à Paris, chez Rose 1787 — 12 volumes
avec figures —

N° 15 — Oeuvres complètes de Grecourt, nouvelle édition soigneusement corrigée et augmentée d'un grand nombre de pièces qui n'avaient jamais été imprimé
à Luxembourg — 1764 —
tranche dorée 2 volumes
figures dans le texte —

N° 16 — Histoire naturelle générale

et particulière –
par Leclerc de Buffon
rédigé par C. S. Sonnini –
de l'Imprimerie de F. Dufart
an VII – 123 volumes et 2 de table –

N°. 17 – Description historique de la Ville de Paris et de ses — environs – par feu Piganiol de la Force –

Nouvelle édition revue, corrigée et considérablement augmentée –
à Paris, chez les Libraires associés.
1765 – 1 volume.
avec gravures en taille douce –

N°. 18 – Oeuvres complètes de Marmontel, historiographe de France et secrétaire perpétuel de l'académie française – Édition revue et corrigée par l'auteur – à Paris, chez Née de la Rochelle – 1787 – 14 volumes.

N°. 19 – Le voyageur français ou la connaissance de l'ancien et du nouveau Monde, mis au jour par l'abbé Delaporte –

~~4e Edition - A Paris, chez Louis Cellot - 1772 -~~ 42 volumes.

N° 20 - Les Liaisons dangereuses, ou lettres recueillies dans une société et publiées pour l'instruction de quelques autres -

A Amsterdam et à Paris, - Chez Durand neveu -

1788 - 2 volumes -

N° 21 - Procès instruit par la cour de Justice criminelle et spéciale du département de la Seine séant à Paris, contre Georges Pichegru et autres prévenus de conspiration contre la personne du premier Consul, recueilli par des Sténographes - Paris C. F. Patris, imprimeur de la Cour de Justice criminelle -

-1804 - 8 volumes.

N° 22 - Oeuvres complètes de Voltaire - Paris, imprimé par Chapelet - Chez Antoine Auguste Renouard

66 volumes

ornés de gravures -
reliure riche, tranche dorée —
maroquin vert, orné d'une guirlande de grappes de raisin et de feuilles de vigne.

N° 23 - Bibliothèque dramatique, ou répertoire universel du théâtre français, avec des remarques des notices et l'examen de chaque pièce -

par M. M. Ch. Nodier - P. Lépeintre Desroziers et autres gens de lettres.

Paris, chez Mme Dabo-Butschert
1825 - 24 volumes.

avec portraits -

N° 24 - Histoire générale physique et civile de l'Europe depuis les dernières années du 5e siècle, jusqu'au milieu du 18e -

par le comte de Lacépède
18 in 8° France -

Paris - Marne & Delaunay - Vallée Editeurs -
1826 - 18 volumes.
dos maroquin rouge -

N° 25 - Oeuvres de Molière, avec un commentaire, un discours préliminaire et une vie de Molière -
Par M. Auger de l'académie française -
A Paris, chez Desoer 1819-1825 -
avec portrait de Molière par Fragonard et gravures dans le texte
Reliure riche - 9 volumes.

N° 26 - Oeuvres complètes de M. T. Ciceron -
traduites en français avec le texte en regard.
Edition publiée par Jos. Vict. Leclerc -
A Paris chez Lefèvre - 1825 -
Cuir vert et or - 30 volumes.

N° 27 - Les Pandectes françaises - ou recueil complet de toutes les lois en vigueur -
par J. B. G. et P. N. R. C. -
anciens avocats jurisconsultes des universités de Paris et d'Orléans -
à Paris, chez les auteurs
1803 - 16 volumes.

N° 28 - Oeuvres de J. J. Rousseau
à Paris, chez Lequien. 1821 -
20 volumes et une table -

N° 29 - Oeuvres complètes de Beaumarchais, précédées d'une notice sur sa vie et ses ouvrages
par La Harpe.
Paris - Furne - 1826 - 6 volumes.

N° 30 - Oeuvres de Jean Racine. avec les variantes et les imitations - des auteurs grecs et latins, publiées par M. Petitot - Paris - Stéréotype d'Herhan 1807 - de l'Imprimerie Renouard -
5 volumes.
avec figures le Moreau -

N° 31 _ Oeuvres de Corneille -- avec les commentaires de Voltaire ...
a Paris, chez Ant. Aug. Renouard
portrait par St. Aubin - dessins dans le texte, reliure riche, tranche dorée
-1817-   12 volumes.

N° 32 _ Voyage de Le Vaillant dans l'intérieur de l'Afrique par le Cap de Bonne Espérance
Nouvelle édition revue, - corrigée et considérablement augmentée par l'auteur.
. de l'Imprimerie Crapelet
a Paris, chez Desbray -
an VI -   2 volumes
orné de 20 figures en taille douce, dont 8 n'avaient pas encore paru -

---

N° 33 _ Second voyage de F. Le Vaillant dans l'intérieur de l'Afrique
par le

Cap de Bonne Espérance, pendant les années 1783 - 1784 - 1785 -
Nouvelle édition augmentée de cartes d'Afrique et d'une table générale des matières, servant aux deux voyages.
de l'Imprimerie Carpelet -
à Paris, chez Desbray -
an XI (1803.) 3 Volumes -

N° 34 - Liste des noms des ci-devant nobles, nobles de race, Robins, Prélats, Financiers, Intrigans et de tous les aspirans à la noblesse ou escrocs d'icelle, avec des notes sur leur famille.
2e Édition augmentée et corrigée.
à Paris, chez Garnery -
sans date - 1 Volume

N° 35 - Dictionnaire des individus envoyés à la mort judiciairement, révolutionnairement et contre -

révolutionnairement, pendant la révolution, particulièrement sous le règne de la Convention nationale
a Paris, rue des Marais
an V de la République 1796 · 6 volumes.

N° 36 - La Pucelle d'Orléans poème héroïcomique en 18 chants suivi de l'apothéose du roi Pétaud.
Londres - 1 volume - reliure ancienne maroquin rouge - tranche dorée -

---

N° 37 - Pensées philosophiques
Piscis hic non est omnium -
a La Haye, aux dépens de la compagnie -
1746 - 1 volume - reliure ancienne, riche.

N° 38 - Les Princesses Malabares ou le célibat philosophique - ouvrage intéressant et curieux, avec des notes historiques et critiques -
a Andrinople, chez Thomas Franco
1734 - Condamné à être brûlé par la main du bourreau, exécuté à Paris le 4 Janvier 1735 -
reliure ancienne, riche 1 volume -

N° 39 - Contes et Nouvelles, en vers, par Jean de la Fontaine.
Édition Stéréotype.
a Paris, Imprimerie Didot l'aîné
portrait d'après Rigault par Ingouff Junior - an VIII.
1er volume - 39 gravures dans le texte -
2e volume - portrait de Ch. Eisen par Ficquet - 41 gravures dans le texte -
2 volumes - dos maroquin rouge non rognés.

N° 40 - Les Livres classiques de l'Empire de la Chine, recueillis par le père Noël, précédés d'observations sur l'origine, la nature et les effets de la philosophie morale et politique dans cet empire -
a Paris chez Bure Barrois aîné et Barrois jeune.
1789 - 2 volumes -
reliure ancienne, maroquin rouge, tranche dorée -

N° 41 - Le Cousin de Mahomet a Constantinople 1781 - 2 vol - tranche dorée avec figures -

Nº 42 - Les Bijoux indiscrets au Monomotapa
2 volumes
ornés de gravures dans le texte -

Nº 43 - Histoire de la Papesse Jeanne fidèlement tirée de la dissertation latine de Mr de Spanheim premier professeur de l'Université de Leyde.

3e Edition augmentée -
à la Haye, chez Jacques Véelon -
1736 -
2 volumes.
avec figures dans le texte -

Nº 44 - Acajou en Zirphile, conte à Minutie -
- 1744 -
1 volume.
avec gravures dans le texte -

Nº 45 - Les Métamorphoses d'Ovide - Traduction nouvelle avec le texte latin, suivie d'une analyse, de l'explication des fables, de notes géographiques historiques, mythologiques et critiques.

par M. G. T. Villenave

à Paris, chez les éditeurs Guay et Guestard,

de l'imprimerie de P. Didot l'aîné

1806 - 4 volumes.

orné de gravures d'après les dessins de M.M. Lebarbier, Monsiau et Moreau.

non rogné et non coupé.

No. 46 - Lucrèce, traduction nouvelle, avec des notes, par M. L*** G*** - à Paris chez Bleuet libraire - 1768 - 2 volumes.

Belles gravures dans le texte -

No. 47 - Le Temple de Gnide, nouvelle édition, avec figures gravées par le Mire, d'après les dessinés de Ch. Eisen, le texte gravé par Drouet -

à Paris, chez le Mire graveur -

1772 - 1 volume maroquin rouge -

N° 48 - Cours historique ou élémentaire de peinture, ou galerie complète du Musée Napoléon, publié par Filhol graveur, et rédigé par Lavallée Joseph, secrétaire perpétuel de la Société philotechnique, des académies de Dijon et de Nancy, de la société royale des sciences de Gottingue.

Dédié à Sa Majesté l'Empereur des Français Napoléon 1er.

A Paris, chez Filhol, graveur et éditeur.

De l'imprimerie Gillé fils, an XII - 1804 -

10 volumes non rognés.

N° 49 - Abrégé chronologique, ou extrait de l'histoire de France, par le Sr de Mezeray, historiographe de France.

A Paris, chez Denys Thierry - 1676 -

Portraits des Rois dans le texte -

8 volumes.

N° 50 - Collection complète des œuvres de J. J. Rousseau, citoyen de Genève - A Genève - 1782 -

Gravures dans le texte - 30 volumes -

N° 51 _ Œuvres Choisies de l'abbé Prévost _ à Amsterdam 1783 _
Gravures dans le texte
39 volumes _

N° 52. Essais historiques sur Paris _
par M. de Saintefoix.
4e édition revue et corrigée.
à Paris, chez la veuve Duchesne
1766 _ 7 Volumes -

N° 53 _ Histoire de France depuis l'établissement de la monarchie, jusqu'au règne de Louis XIV _
par M. l'abbé Velly.
continué par M. Villaret.
à partir de Louis X _
à Paris, chez Saillant.
_ 1770 _
_ 30 volumes et une table _

N° 54 - La Sage Folie, — fontaine d'allégresse, mère des plaisirs Reyne des belles humeurs pour la défense des personnes joviales à la confusion des archisages et protomaistres -

Oeuvre morale, très-curieuse et utile à toutes sortes de personnes.

faite Italienne par Ant. Marie Spelte, poète et historiographe du roi d'Espagne.

Et traduite en françois par L. Garon —

à Lyon, chez Claude Cayot

1628 - 1 volume.

N° 55 _ Lettres à Emilie sur la Mythologie.

par C. A. Demoustier -

à Paris, chez Ant. Aug. Renouard,

1817 _ 6 parties en 3 volumes -

ouvrage orné de gravures.

N° 56 – Les Illustres Françoises histoires véritables, nouvelle édition a Lille, chez Lehoucq –
1780 –
4 Volumes –

N° 57 – L'Odyssée d'Homère avec des remarques, précédée de reflexions sur l'odyssée et sur la traduction des poètes, par Mr Bitaubé de l'académie royale de Berlin et de celle des inscriptions et belles lettres de Paris –

2e Edition – a Paris, de l'imprimerie Didot l'ainé.
– 1788 –
6 Volumes –
Portrait de Bitaubé, par S^t aubin –

N° 58 – Oeuvres Complètes d'alexis Piron, publiées par Mr Rigoley de Juvigny, conseiller honoraire au Parlement de Metz, de l'académie des sciences et belles lettres de Dijon –
a Paris, imprimerie Lambert
1776 –
9 volumes –

N°: 59 _ Oeuvres de Montesquieu revues, corrigées et augmentées de pièces qui n'avaient pas encore paru.
Amsterdam 1790 - 5 volumes -

N°: 60 _ Les Galanteries des Rois de France, par Henri Sauval
à Cologne, chez Pierre Marteau 3 volumes
avec gravures dans le texte
(armes de St. Simeon -

N°: 61 - Oeuvres de Jean Racine
Paris - Menard et Desenne
1819 - 4 volumes
- Illustrés -

N°: 62 _ Histoire de l'ancienne Grèce, de ses Colonies et de ses conquêtes, traduit de l'anglais.
à Paris chez Buisson
1777 - 6 volumes -

N° 62 - Histoire de l'ancienne Grèce de ses colonies, de ses conquêtes, traduit de l'anglais - à Paris, chez Buisson 1777
6 volumes.

N° 63 - Oeuvres complètes de Demostène et d'Eschine, traduites en français avec des remarques, par l'abbé Auger de l'académie des inscriptions et belles lettres de Paris et de Rouen. Nouvelle édition - à Paris, chez Bossange, Masson et Renou - 6 volumes.

N° 64 - Voyage du jeune Anacharsis en Grèce dans le milieu du 4e siècle avant l'ère vulgaire. chez Bure 1790.
7 volumes.

N° 65 - Histoire d'Italie par P. L. Ginguene - à Paris, chez Michaud frères. 1811 - belle reliure
9 volumes.

N° 66 - Histoire de France depuis la Révolution de 1789, écrite d'après les mémoires et les manuscrits contemporains, recueillis dans les dépôts civils et militaires, par le citoyen Toulongeon - à Paris chez Treuttel Jeune - 1801 - 7 volumes.

N° 67 - Précis de l'histoire ancienne d'après Rolin, par Jacques Corentin Royon - à Paris chez Volland aîné et jeune - de l'Imprimerie Couturier 1811 4 volumes.

Nº 68 – Correspondance littéraire adressée à son Altesse Impériale Mgr le Grand Duc, aujourd'hui Empereur de Russie et à Mr le Comte André Showlow, depuis 1774, jusqu'à 1789, par Jean François La Harpe – 2e Edition – chez Mignerez an XII (1804) – 6 volumes.

Nº 69 – Lycée ou Cours de littérature ancienne et moderne par J. F. La Harpe à Paris, chez Agasse – an VIII – 20 volumes.

Nº 70 – Œuvres complètes de l'abbé Mably – a Lyon, chez Delamollière – 1792 – 12 volumes.

Nº 71 – Vie privée du maréchal de Richelieu – a Paris, chez Buisson – 1791 – 3 volumes.

Nº 72 – Mœurs, Institutions et cérémonies des peuples de l'Inde, par l'abbé J. A. Dubois – Imprimé par autorisation du Roi, à l'imprimerie royale 1825 – 2 volumes.

Nº 73 – Histoire ecclésiastique ancienne et moderne, depuis la naissance de Jesus christ, jusqu'au commencement du 18e siècle, par Jean Laurent Mosheims – à Maestricht, chez Jean Dufour et Philippe Roux 1775 – 6 volumes.

N° 74 _ Louis XIV peint par lui-même a Paris, chez Gide fils 1827 1 volume -

N° 75 _ Maximes et œuvres complètes du duc de La Rochefoucault, de l'imprimerie Delance 1796 - — 1 volume -

N° 76 _ La Vie de Voltaire par M*** a Genève 1786 — 1 volume avec portrait.

N° 77 _ Le Sens et la Raison - a Paris, chez Royez 1784 — 1 volume.

N° 78 - Le Monde, son origine et son antiquité, 2e édition, revue et corrigée - a Londres 1778 _ — 1 volume

N° 79 - Oeuvres de Stanislas Bouflers seule édition avouée et corrigée par l'auteur _ a Paris; chez Le Pelletier de l'Imprimerie Egquillez, an XI - 1 volume.

N° 80 _ Les Lois des Bâtiments - suivant la coutume de Paris _ à Paris, chez les libraires associés - 1787 - 1 volume -

N° 81 _ Relations abrégées des voyages faits dans l'intérieur de l'Amérique méridionale par M. de Lacondamine, avec cartes _ a Paris, chez Pissot - 1745 - 1 volume avec gravures.

N° 82 – La Raison par Alphabet – par Voltaire – 1769 – 2 volumes.

N° 83 – Théâtre du Monde par M. Richer. – à Paris, chez Saillant. 1775 – gravures dans le texte, tranche dorée – 4 volumes.

N° 84 – De la Loi naturelle, par M*** – à Paris, chez Defer de Maisonneuve – 1790 – 2 volumes.

N° 85 – L'Enfer, poème du Dante traduit de l'italien, par le Comte de Rivarol – à Londres et à Paris, chez Cussac 1798 – Tranche dorée – 2 volumes.

N° 86 – Les Aventures de Télémaque par feu Messire François de Salignac de la Motte Fénelon – Nouvelle édition à Maestricht. 1789 – 1 volume.

Enrichi de figures en taille douce –

N° 87 – Lettres sur l'Égypte, – tirées de Joinville et des auteurs arabes – par M. Savary – 2e édition revue et corrigée – à Paris chez Onfroi. 1786 – 4 volumes

avec des Cartes Géographiques.

N° 88 – Histoire du sage Danischmend favori du sultan Scha-Gebal, traduit de l'allemand – avec figures.

à Paris, chez Barez an VIII – 1800 – 2 volumes.

N° 89 - Mémoires sur la Bastille par M. Linguet - Londres, de l'imprimerie de T. Spilsbury Snowhill -
1783 - 1 volume -

N° 90 - Oeuvres choisies et posthumes de La Harpe - avec le portrait de l'auteur
à Paris, chez Migneret 1806 - 1 volume -

N° 91 - L'alambic des Loix avec observations de l'ami des Français sur l'homme et sur les loix - à Hispaan 1773 -
1 volume

N° 92 - L'art de parler et d'écrire correctement la langue française - par l'abbé Carezac - 4e Edition revue par Drevet
à Paris, chez Remont - 1809 - 1 volume -

N° 93 - Confessions du Chevalier ... pour servir à l'histoire secrète de deux époux malheureux de la ville de Marseille -

1786 - tranche dorée - 1 volume -

N° 94 - Nouveau Commentaire sur les ordonnances des mois d'août 1669 et Mars 1673 ensemble sur l'Edit du mois de Mars 1673 - touchant les épices -
par M. le Conseiller au présidial d'Orléans -

a Paris, chez de Bure l'aîné.
1765. 1 volume.

N° 95 - Traité de l'adultère par M. Fournel avocat au parlement 2e édition. Paris, chez Demonville — 1783. 1 volume.

N° 96 - Dictionnaire d'anecdotes — à Paris, chez Lacombe 1766 - 1 volume.

N° 97 - Philotanus poème par l'abbé *** (de Grecourt) essais. à Paris, chez Louis Antoine le Grand 1720. 1 volume.

N° 98 - Mémoires pour servir à l'histoire d'Anne d'Autriche. par Mme de Motteville - Amsterdam, chez François Changuion 5 volumes.

N° 99 - Les oeuvres de Sénèque — le philosophe - à Paris, chez les frères de Bure - 1778. 7 volumes.

N° 100 - Pensées de Sénèque — recueillies par M. Angliviel de Beaumelle à Paris, chez Barbou - 1768 - 1 volume.

N° 101 - Voyage pittoresque de Paris par M. D*** 6e édition - à Paris, chez les frères de Bure —
177. - 1 volume.

N° 102 — Œuvres diverses de Sénecé. 2e édition. — Paris, chez Collin 1806 — 1 vol.

N° 103 — Le petit neveu de Boccace — à Amsterdam — 1787 — 3 volumes.

N° 104 — Œuvres complètes de Mme Riccoboni — Paris, chez Volland 1786. 24 figures en taille douce — 8 volumes.

N° 105 — Œuvres complètes de Mme de La Fayette — par Mr Auger — Paris, chez Mme Ve Lepetit 1820 — 4 volumes — ornés de gravures —

N° 106 — Œuvres philosophiques de M. D. Hume — à Londres 1788 — 6 vol. en 4 —

N° 107 — Galerie de l'ancienne cour, des règnes de Louis XIV et Louis XV — 2e édition 1788 — 4 volumes.

N° 108 — Histoire littéraire des femmes françaises — Paris, chez Lacombe 1769 — 5 volumes.

N° 109 — Le tribunal de l'amour par le chevalier de la B*** — à Cythère 1749 — 1 vol. en 2 parties. Jolis frontispices.

N° 110 — Histoire philosophique et politique des établissements et du commerce des Européens dans les deux Indes —

à Maestricht, chez Jean Edme Dufour.

1774 — 7 volumes —

N° 111 _ Oeuvres de Miss Burney. a Paris chez Maradan - 1797 - 7 volumes.

N° 112 - Histoire de l'admirable don quichotte de la Manche - a Paris, par la compagnie des libraires 1771 - 6 volumes.

N° 113 - Histoire romaine depuis la fondation de Rome - chez Savoye en Barrois - 1788 - 16 volumes.

N° 114 - Lettres anglaises, ou histoire de Miss Clarisse Harlowe. Londres chez Nourse 1751 13 volumes - gravures dans le texte -

N° 115 - le Paysan parvenu ou les mémoires de M... par M. de Marivaux - à Paris chez Musier - 1764 - 4 volumes.

N° 116 _ Le compère Mathieu ou les égarures de l'esprit humain - a Londres, aux dépens de la compagnie -

1777 3 volumes -

N° 117 - Histoire des philosophes modernes. par M. Sévérien, avec leurs portraits gravés par François - a Paris, chez Bleuet et guillaume fils - 1773 - 13 volumes -

N° 118 - Lettres chinoises - à La Haye chez Pierre Paupie 1755 - 6 volumes -

No. 119. Le Comte de Valmont - ou les égarements de la raison —
Lettres recueillies et publiées par Mr. - 4e Edition revue et augmentée
à Paris et à Liège, chez à me catherine Bassompierre -
1778 - 5 volumes -

No. 120 - Histoire d'Angleterre, depuis la descente de Jules César jusqu'au traité d'Aix la Chapelle en 1748 -
par M. T. Smolett - M. D. traduit de l'anglais par Targe, correspondant de l'académie royale de marine -
à Orléans, de l'imprimerie Jean Rouzeau - Montaut -
1759 - 19 volumes.

No. 121 _ L'an deux mille quatre cent quarante, rêve s'il en fut jamais, Nouvelle Edition avec figures -
1786 - 3 volumes.

No. 122 - Eloge historique de Mme Elisabeth de France - par Antoine Ferrand -
2e édition, à Paris chez Ve Desenne
1814 - 1 volume -

Nº 123 - Oeuvres philosophiques de M. de La Mettrie - Berlin 1774 - 2 volumes.

Nº 124 - Nouveau dictionnaire historique des sièges et batailles mémorables - par M. ... M ... - à Paris chez Gillot 1769 - 6 volumes.

Nº 125 - Voyage de La Perouse autour du Monde - à Paris, chez Plasson an VI - 4 volumes

Nº 126 - Voyage dans l'Asie mineure par Richard Chandler - Paris 1806 - 3 Vol.

Nº 127 - Dictionnaire historique et critique - par M. de Bonnegarde à Lyon, chez Barret 1771 - 4 Vol.

Nº 128 - Jerusalem délivrée avec la vie du Tasse, ornée de 20 belles gravures - à Paris, chez Bossange Masson et Besson 1803 - 2 volumes.

Nº 129 - Éphémérides politiques littéraires et religieuses, à Paris - chez Le Normand et Henri Nicolle - 6 volumes.

Nº 130 - Mémoires du Duc de Richelieu - à Londres, chez Joseph de Roff - 1790 - 4 volumes. avec portraits, plans et cartes - nécessaires à l'intelligence de l'ouvrage.

N° 131. Oeuvres complètes de M. de Florian - gravures dans le texte - à Paris, chez Dupart. 1803. 6 volumes

N° 132 - Itinéraire de Paris à Jérusalem et de Jérusalem à Paris - par F. A. de Chateaubriand - à Paris chez Le Normant - 1811 - 3 volumes.

N° 133 - Génie du Christianisme par Chateaubriand - gravures dans le texte - Lyon imprimerie Ballanche père et fils - 1809 - 5 volumes.

N° 134 - Fables de la Fontaine Édition manuelle - Paris chez Marne-Delaunay Vallée - 1795 - 2 vol. tranche dorée ornée de gravures.

N° 135 - La Bible - 3 volumes ornée de gravures sur acier -

N° 136 - Nouveau dictionnaire historique - Chez G. Le Roy - 1783 - 8 volumes - 5 suppléments

N° 137 - Oeuvres de du Marsais - Paris, imprimerie Pougin 1797 7 volumes -

N° 138 - Histoire ancienne des Egyptiens des Carthaginois, etc... à Paris, chez la veuve Estienne et fils - 1747 - 13 volumes.

N° 139 - Histoire des Empereurs romains, depuis Auguste jusqu'à Constantin - par M. Crévier - a Paris chez Desaint et Saillant 1763 - 12 Vol.

N° 140 - abrégé de l'histoire universelle, par J. A. de Thou - à la Haye - 1759 - 10 Volumes.

N° 141 - Roland furieux de l'Arioste - a Paris, chez Plasson - 1787 - 10 volumes -

N° 142 - Histoire secrète de Bourgogne - par Melle de la Force, à Paris, de l'imprimerie Didot l'aîné 1782 - 3 Volumes

N° 143 - La Chyromancie naturelle de Rompbile - a Lyon - 1653 - 1 Volume.

N° 144 - Les Poësies d'Horace avec la traduction francaise du R. P. Sanadon de la compagnie de Jésus.

a Paris par la compagnie des libraires -

1756 - 3 Volumes.

N° 145 - Sous ce N° figure une quantité d'ouvrages (500 vol. environ) dont plusieurs sont ornés de gravures, et comprenant notamment les œuvres de Catulle, Louis Racine,

Chaulieu, Fénelon, Milton. Marivaux. Montaigne. Pascal - Beloz. Le Sage Mirabaud, guéroult, Boileau, Tirez, Bernardin de St Pierre, Duclos - Châteaubriand, Belloy - etc - etc -

Reliure riche, Éditions anciennes, de 1702 à 1820.

Nota. Tous les livres compris dans cette bibliothèque, d'une reliure fort soignée, sont dans un état de conservation exceptionnelle, sans aucune piqure, et les gravures en ornant les textes sont, pour la plus grande partie, d'un très bon tirage -

Tapisseries

Cinq panneaux de tapisseries anciennes de diverses époques, verdures et personnages comprenant :

No 146 - Un grand panneau 2m 50 de H. sur 2. 80 - 4 personnages dont 1 enfant au premier plan - (Sujet religieux)

No 147 - Un panneau 2m 35 de H. sur 1m 55 - 4 personnages. (Sujet mythologique)

No 148 - Un panneau verdure 2m sur 2m château dans le lointain -

No 149 - Un panneau verdure 2m 10 sur 1m 80 -

No 150 - Grande portière verdure

avec grand oiseau – 2m 80 h. sur 1m 80.

– Peintures –

N° 151 – Une grande toile, très bonne copie ancienne de grand maître –
(Sujet mythologique Bacchus)
Dimensions 1m 45 sur 2m 15.

N° 152 – Une grande toile, très bonne copie ancienne de grand maître (sujet mythologique) formant le pendant avec le précédent mêmes dimensions –

N° 153 – Copie ancienne – Méditation sur la mort –

N° 154 – Copie ancienne – Mise au tombeau –

N° 155 – Très jolie et vaste bibliothèque vitrée à 2 corps, en acajou avec baguettes cuivre, tablette à glissière sur toute la longueur de la bibliothèque –

Avis important.

On pourra visiter à la salle des ventes, 20 Rue Fernault, les Lundi 17 et mardi 18 avril 1899, de 2 h. à 5 heures.

Pour tous renseignements complémentaires, s'adresser à Me Pécriaux, Commissaire – Priseur à Bourges, 20, Rue Fernault.

www.ingramcontent.com/pod-product-compliance
Ingram Content Group UK Ltd.
Pitfield, Milton Keynes, MK11 3LW, UK
UKHW021038180726
13838UKWH00004B/1872

9 782329 440064